Wie wir schreiben wollen

Hanser Berlin

1. Auflage 2022

ISBN 978-3-446-27489-1
© 2022 Hanser Berlin in der
Carl Hanser Verlag GmbH & Co. KG, München
Umschlg: Anzinger & Rasp, München
Motiv: © sofiakatalova/iStock/Getty Images Plus
Satz im Verlag
Druck und Bindung: GGP Media GmbH, Pößneck
Printed in Germany

MIX
Papier | Fördert
gute Waldnutzung
FSC® C014496

Wie wir
schreiben wollen

Inhalt

Richard Ford

Wer das tut, was ich tue – Romane schreiben –, redet selten darüber, wie er oder sie sich verbessern könnte. Wenn ich sage, dass ich besser werden möchte, klingt das vielleicht ein bisschen danach, als wäre ich beim letzten Mal, als ich die Aufmerksamkeit und Zustimmung der Welt suchte, nicht so gut gewesen, wie ich hätte sein sollen. Aber das entspricht nicht meinem Denken. *Besser* ist für mich kein Verrat am *gut*. Aus *besser* spricht immer der Optimist.

In den 1970er-Jahren, als ich erst zwei Romane geschrieben und veröffentlicht hatte – die beide kein großes Lesepublikum anzogen (obwohl ich sie bis heute für sehr gut halte) –, wurde mir klar: Wenn diese beiden Bücher als Medien des künstlerischen Ausdrucks Mängel aufwiesen, dann war ich vielleicht daran gescheitert (Triggerwort!), mit ihnen ein Gefäß zu erschaffen, das geräumig genug für meine sämtlichen (angenommenen) schriftstellerischen Fähigkeiten war. Die meisten jungen Romanschriftsteller:innen wissen, wenn sie anfangen, noch nicht, wie das Romanschreiben eigentlich geht. Wir lesen viele Romane, wir lesen viele Interviews mit berühmten Autor:innen – die oft voller Lügen sind. Irgendwann fangen wir dann eher blindlings mit dem Schreiben an. Manchmal werden es Meisterwerke, manchmal eher nicht. Wenn wir einen Roman geschrieben haben, der nicht so abwechslungsreich und gehaltvoll geworden ist, wie wir es uns eigentlich zutrauen, dann liegt das oft daran, dass wir nicht »alles reingekriegt« haben, was wir können. Als der majestätische John Updike vor zehn Jahren starb, schrieb der Essayist Adam

Gopnik in einem Nachruf auf ihn, eine seiner großen Leistungen sei gewesen, dass er es geschafft habe, »alles reinzukriegen«. Nach meinem Verständnis hatte Updike also dafür gesorgt, dass seine Bücher und Erzählungen und Gedichte und Essays alle auf der Höhe seiner Bestleistung waren, weil sie auf alles verwiesen oder zurückgriffen, was er für relevant hielt. Das kann man als ehrgeizig bezeichnen. Praktisch gesprochen heißt es einfach nur, jedes Mal sein Bestes zu geben. Alles, was man hat.

Ich hatte das Gefühl – aber ohne Selbstzerfleischung –, dass es mir in meinen ersten Romanen nicht gelungen war, zu einem Schreiben zu finden, eine Struktur zu bauen, einen Stil zu entwickeln, einen Ton zu treffen, einen Rahmen zu schaffen, in dem für mich alles, was ich wusste und leisten und in mein Buch packen konnte, zugänglich war und zündete. Vor allem war es mir nicht gelungen, diese Romane sowohl ernsthaft als auch witzig zu machen – wobei meine Lieblingsromane eigentlich immer werthaltige dramatische Fracht enthielten, und meiner Meinung nach verfügte ich auch ganz natürlich über dramatisches Rohmaterial. »Witzig« schreiben hat mir schon immer gelegen. Und was »ernsthaft« war, wusste ich schon, wenn ich es vor mir hatte (wenn es um Leben oder Tod ging). Aber mir schwante – wohl auch, weil der große Durchbruch auf sich warten ließ –, dass ich, wollte ich einen Roman schreiben, der sich am gelebten Leben messen lassen konnte, und ein wirklich guter Schriftsteller werden, mehr tun musste, mehr fragen, mehr einbeziehen, ehrgeiziger und gründlicher arbeiten; ich musste alles, worüber ich verfügte, *in mein Buch hinein* bekommen und auf diese Weise als Schriftsteller besser werden.

Ich war siebenunddreißig, und das waren einschüchternde Aussichten. Warum auch nicht? So zu denken war der Weg mitten ins Herz meiner gewählten und gleichermaßen einschüchternden Berufung.

Wenn ich daran denke, was ich tatsächlich machte – und jetzt seit elf Büchern und vierzig Jahren in wechselnden Gelingensgraden mache –, ist schon die Vorstellung, es zu beschreiben, ermüdend. Also versuche ich es zusammenzufassen. Ich bin immer schon ein Notizenmacher gewesen. Ich schreibe mir praktisch alles auf, was ich sehe oder denke und was mir dabei auch nur vorübergehend interessant vorkommt, und bewahre es dadurch. Wahrscheinlich machen das viele so, die schreiben, und sogar viele, die nicht Schriftsteller sind. Wie Psychologen dieses Vorgehen bewerten, kann leicht unwürdig klingen; aber für mich hat so ein Notizbuch den Vorteil, dass es mich immer daran erinnert, wozu ich auf Erden bin – um von Dingen *Notiz* zu nehmen. Dadurch wird auch viel gelebte Erfahrung einer ständigen Einschätzung unterworfen – zugegeben, das kann zäh sein. Aber diese Einschätzung ermöglicht auch, Nutzen aus etwas zu ziehen, was ansonsten vielleicht unbemerkt an mir vorbeigezogen wäre – Nutzen für mein Schreiben.

Ich blättere gewohnheitsmäßig in meinen vielen Notizbüchern und suche auf gut Glück nach etwas, das vielleicht mehr Aufmerksamkeit verdient, das vielleicht für eine Story oder eine längere Erzählung »genutzt« werden könnte. Das Vorhaben, eine sehr lange Erzählung – einen Roman mithin – zu schreiben, kommt mir erst in den Kopf, wenn einige hektische Lebenskräfte zusammenfließen: Weiß ich überhaupt noch, was ein Roman ist? Habe ich gerade mindestens zwei Jahre übrig? Bin ich in meinen Notizen auf etwas gestoßen, das eine solch übermäßige Aufmerksamkeit trägt? Hat das Ergebnis – das, was ich schreiben würde – irgendeine Chance, nach den Sternen guter Literatur zu greifen? Das sind für mich ernsthafte Fragen. Und wenn auch nur eine davon mit »Nein« oder »Vielleicht nicht« beantwortet wird, suche ich mir lieber etwas anderes.

Aber wenn bei allen Fragen die Antwort »Ja« lautet, dann setzen die Methoden des Romanciers ein – die ich mit siebenunddreißig noch nicht hatte, als ich Romane schrieb, indem ich blindlings drauflosarbeitete. Damals, als der stetige Prozess, mein Schreiben zu verbessern, noch nicht eingesetzt hatte.

Ich tue Folgendes – diese Methode habe ich mir ausgedacht, um besagten Prozess zu ermöglichen: Ich nehme mir ein Jahr, mindestens ein Jahr. Und dann lebe ich mit dem Vorhaben dieses Romans, der irgendwo in meinem Schädel vor sich hin glimmt, während ich mühselig die Notizbücher der letzten zehn Jahre durchkämme (manchmal auch mehr als zehn Jahre davon) und daraus abschreibe und notiere (und vermutlich überdenke), was ich früher aufgeschrieben habe und was heute noch interessant auf mich wirkt. Mit »interessant« meine ich aber nicht, dass ich immer erkennen kann, wo das eine oder andere Element schön in ein großes Schema eines Romans reinpasst. Überhaupt nicht. *Interessant* heißt in diesem Stadium der Romanvorbereitung nur, dass ich ein bestimmtes Element gern auf irgendeiner Seite sähe, die ich schreiben werde – egal, wie ich es einpasse, wenn der Zeitpunkt dafür gekommen ist. Ich halte mich im Allgemeinen an John Ruskins Vorgabe: »Komposition ist das Arrangement ungleicher Dinge.« Meine Romane – die ich gern gehaltvoll und üppig und unvorhersehbar und seltsam eckig und so heterogen wie das Leben selbst hätte – stecken voller ungleicher Dinge, die ich so arrangiert habe, dass sie eine Art Sinn ergeben. Denn so ist schließlich das Leben auch, oder? Täglich werden wir (wenn wir Glück haben) mit wimmelnden Unvorhersehbarkeiten bombardiert, und der Sinn, den wir ihnen »geben«, hängt davon ab, wie souverän wir sie verarbeiten. Wenn ich sage – lassen Sie mich das ein bisschen von Walter Benjamin klauen –, dass Romane versuchen, dem Leben zu entsprechen (er hielt das ja für unmöglich), dann meine ich das damit: eine Form, ein Gefäß, einen Bogen schaffen, so gehaltvoll und unregelmäßig und unplanbar, dass es scheint, als wäre all das »lebensecht« – wahr – und würde uns mit etwas Nützlichem ins Leben zurückschicken, wenn wir das Buch zuklappen.

Es ist erschöpfend. Alles dreht sich darum, meinen Selbstzweifeln in Bezug auf das Schreiben, das mir von Anfang an überaus wichtig war, etwas Gutes, etwas möglichst immer Besseres entgegenzusetzen. Die Welt kann mir erzählen, was dabei herausgekommen ist.

Es mag arrogant klingen, aber ich sage es trotzdem: Ich glaube, die meisten, vielleicht alle Schriftsteller:innen kommen in ihrem Schreibleben einmal (oder mehrfach) so weit zu erkennen, dass sie besser werden müssen – ob sie es gern zugeben oder nicht. Sie müssen (endlich kann ich eine Sportmetapher benutzen) *ihr Spiel aufpimpen*. Aber ich erwarte natürlich von niemandem, dass er oder sie es so macht wie ich. Meine Methode ist ein Schreibtisch-Albtraum und für die meisten geistig gesunden Menschen nicht geeignet. Außerdem würde ich niemals jemanden auffordern, besser zu werden, als er oder sie schon ist. Diese Forderung kann man nur an sich selbst stellen.

Ich wüsste gern, ob meine Kolleg:innen das alles für dummes Zeug halten – oder für das Klügste, was sie je gelesen haben …

Aus dem Englischen von Frank Heibert

Julia von Lucadou

*W*ie viel unterschiedliche Assoziationen ein einziges kleines Wort auslösen kann! *Better/Besser* kann Inbegriff der Selbstmotivation sein, das Motto des Optimisten. Aber für mich steckt im *Besser* vor allem die Kehrseite, das *nicht gut genug.* Das, was meine Schematherapeutin die Elternstimme nennt: eine verinnerlichte überkritische, strafende Stimme, die unerbittlich Leistung fordert und der man es nie recht machen kann. Die mir, sobald ich mich ausruhen möchte, sofort ins Stammhirn brüllt: Weiter! Das geht noch besser!

Ich bin Schriftstellerin geworden, um mich von dieser Stimme zu befreien. Mein erster Roman, *Die Hochhausspringerin,* war eine Verteidigung gegen ihre Höher-schneller-weiter-Haltung, die ich während meiner Karriere im Film- und Fernsehbereich so stark verinnerlicht hatte, dass ich mich im ständigen Kampf mit mir selbst befand. Mein Körper sendete mir Zeichen, dass ich mir zu viel zumutete, dass meine Ziele zu hoch gesteckt waren, dass der Imperativ zum ewigen *Besser* mich kaputtmachte – und ich reagierte mit Enttäuschung über meine Schwäche und arbeitete noch härter. Ich hörte gar nicht mehr auf zu arbeiten, selbst wenn ich nach Hunderten Überstunden endlich zu Hause war. Nachts konnte ich nicht schlafen, weil ich im Kopf To-do-Listen erweiterte und Fehler durchging, die ich gemacht hatte, gemacht haben könnte oder noch machen würde.

Bis mein Körper einfach zusammenbrach und ich mich im Burn-out wiederfand. Die Depression war allumfassend, vollkommen logisch und mir dennoch unbegreiflich. Körper und

Seele hatten vor der Stimme in mir kapituliert. Das *Besser* in meinem Kopf trieb mich jetzt nicht mehr an, sondern ließ mich gefrieren. Ich wurde bewegungsunfähig. Alle Energie, die ich je besessen hatte, so schien es, war auf einen Schlag aufgebraucht, bis nur noch Leere zurückblieb. Und trotzdem schrie es in meinem Kopf lauter als je zuvor: Weiter! Weiter! Besser! Besser!

Es brauchte viel Zeit, bis ich nachvollziehen konnte, was mir da passiert war. Ein Weg, zu verstehen, wie ich in das tiefe Loch der Depression geraten war, und mich gleichzeitig Schritt für Schritt aus ihm herauszumanövrieren, war das Schreiben der *Hochhausspringerin*. Je mehr ich in meinem Roman meine eigenen Erfahrungen mit dem Leistungsgedanken zu einer Dystopie zuspitzte, desto klarer wurde mir, dass das *Besser* in meinem Kopf auch der gesellschaftliche Imperativ des neoliberalen Systems war, in dem ich lebte. Es war das *Besser* des Kapitalismus, der Schlachtruf des Wettbewerbs, bei dem die oberste Maxime immer Gewinn ist und dieser Gewinn nie zufriedenstellend, weil er sofort übertroffen werden muss. Ich merkte, dass Wettbewerb – mit mir selbst oder mit anderen –, dass das Bessersseinwollen mich nie zufriedenstellen würde. Ich kündigte meine Stelle als Fernsehredakteurin und entschied mich, es als Schriftstellerin mit einem neuen Ansatz zu probieren.

Das Besondere an der Literatur und insgesamt der Kunst ist ja, dass sie sich den Maßstäben des Wettbewerbs auf gewisse Weise entziehen, weil sie sich nicht mit objektiven Bewertungskriterien messen oder vergleichen lassen. Das *Beste* gibt es in der Kunst eigentlich nicht. Was es stattdessen gibt, sind Momente der subjektiven Verständigung, der Kommunikation zwischen Künstler:in und Rezipient:in. Ich werde nie vergessen, wie einmal nach einer Veranstaltung eine Leserin mir von ihrem Leseerlebnis der *Hochhausspringerin* erzählte. Ein kleiner, stiller Moment im Buch, den bisher noch nie jemand erwähnt hatte, hatte sie berührt. Es war der Moment im Roman, der mir selbst am meisten bedeutete. Ich spürte eine tiefe Verbindung zwischen uns, ein grundlegendes Verständnis zwischen Fremden. Solche Momente sind es, für die ich schreibe. Es sind individuelle, unvorhergesehene, nicht planbare Momente. So wie die Texte selbst, eben: *irregular* und *unplannable.*

Das Unkontrollierbare ist es auch, was mich am Schreibprozess am meisten reizt. Momente intuitiven, *blinden* Schreibens, wenn Sätze wie aus eigenem Antrieb auf die Seite drängen und meine Figuren Dinge tun, die ich ihnen gar nicht zugetraut hätte. Einmal hatte ich auf einer Zugfahrt, eingeklemmt zwischen Hunderten Passagieren, plötzlich die Idee für eine Kurzgeschichte, die ich dann voll kribbelnder Aufregung quasi auf die Seiten erbrach. Die Worte strömten in einem Guss aus meinem Kopf, und ich kam mit dem Tippen kaum nach. Ich hatte den Eindruck, Zugang zu einem Teil meines Bewusstseins zu haben, der mir sonst verschlossen blieb. Es war ein magischer, freudiger Moment. Es war mir gelungen, die schematherapeutische Elternstimme im Kopf ganz abzulegen, die mich immer noch oft am Schreiben hindert.

Das blinde Schreiben, das *Nicht-Wissen*, bedeutet für mich Spielraum. Wenn man keine Vorstellung davon hat, was ein *Meisterwerk* ausmacht, entdeckt man vielleicht eine ganz neue Art zu schreiben. »The not-knowing«, schreibt Donald Barthelme, »is what permits art to be made. Without the scanning process engendered by the not-knowing, without the possibility of having the mind move in unanticipated directions, there would be no invention.«

Ich verlasse mich auf das *Not-Knowing*, um der Stimme in meinem Kopf entgegenzuwirken, die mir die Kraft zum Schreiben raubt. Die ständig über das große Ganze nachdenken will und alles aufzählt, was nicht im Text steckt. Für die er nie groß genug, nie wichtig genug ist, immer noch *besser* sein könnte.

Vielleicht verliert das Wort *besser* für mich irgendwann die Assoziation mit diesem unerbittlichen Wettbewerbsgeist, und ich höre stattdessen die Stimme der Optimist:in. Auch ich möchte mich künstlerisch weiterentwickeln, dazulernen, mich selbst herausfordern. Auch ich möchte jedem Buch so viel geben, wie ich kann. Auch ich möchte mich verbessern.

Und trotzdem: Müsste ich mein größtes Ziel für meine Autorinnenzukunft formulieren, wäre es nicht in erster Linie, eine *große*, sondern eine glückliche Autorin zu sein. Ich habe lange genug meine persönliche Zufriedenheit einem nicht erreichbaren Ideal von Erfolg untergeordnet. Jetzt, wo ich eine Tätigkeit gefunden habe, die mich so begeistert, möchte ich mir den Spaß nicht mit zu hohen Ansprüchen verderben.

Früher hätte mir die Elternstimme selbst das Lesen der Essays in diesem Buch vermiest. So viele erfahrene, hochbegabte, *smarte* Autor:innen, deren Schreibprozess so anders ist als meiner! Wenn die Besten der Besten es so machen, hätte die Stimme gesagt, müsste ich es auch so machen, um eine bessere Autorin zu sein. Aber je mehr Interviews mit Schreibenden ich lese, desto klarer wird, wie unterschiedlich all diese Autor:innen, die ich bewundere, über ihr Schreiben sprechen.

Selbst die berühmtesten, erfolgreichsten Autor:innen der Welt sind sich nicht einig, wie, wann und wo man am besten schreibt. Es gibt keine Blaupause. Und das finde ich die schönste Qualität des Schriftsteller:innenberufs: seine Vielfältigkeit, seine Nicht-Standardisierbarkeit. Die Tatsache, dass jeder Autor und jede Autorin es anders macht, andere Rituale braucht, andere Vorbilder, andere Mottos.

Also würde mich interessieren: Was ist dein Motto beim Schreiben, lieber Daniel Schreiber? Und macht es dich glücklich?

Daniel Schreiber

*E*in Motto beim Schreiben habe ich nicht, liebe Julia von Lucadou, und das Schreiben macht mich, muss ich zugeben, auch selten glücklich. Zugleich frage ich mich aber, ob das die richtige Erwartungshaltung an eine so zeitraubende, schöne, nervenaufreibende, erfüllende, mit Selbstzweifeln aufgeladene und von Überraschungen synkopierte Tätigkeit wie das Schreiben ist. Und vielleicht noch mehr, ob die Erwartung von Glück überhaupt etwas ist, das man an irgendetwas herantragen sollte, gar an dieses Leben, das wir führen. Ob die Frage des Glücks, wenn man sie in den Horizont des Erwartbaren stellt, nicht geradewegs zur Frage des Unglücks führt. Unterminiert man damit nicht genau das, was das Glück ist: ein Geschenk, dessen Schönheit eigentlich in seiner Flüchtigkeit besteht?

Ich kann mich sowohl mit Richard Fords Ansprüchen an die Verbesserung des eigenen Handwerks, der Weiterentwicklung des eigenen Schreibens, identifizieren als auch mit Julia von Lucadous Bedürfnis, den Raum des Schreibens gegen neoliberale Selbstoptimierungsinteressen zu verteidigen. Ich glaube, beides stimmt, beides ist wichtig. Aber vielleicht bin ich der Falsche, um dazu Stellung zu beziehen. Das Schreiben ist für mich etwas weitgehend Vor- und Unbewusstes, etwas, dessen Inhalte ich nicht absehen kann, etwas, das entsteht, wenn ich das Innere mit Inspirationen, Gedanken, kollektiven Schwingungen und Gefühlen, mit Worten und Texten füttere. Mein Schreiben beginnt immer mit Fragen, von denen ich das Gefühl habe, dass ich sie mir eigentlich nicht stellen möchte, und mehr noch, dass wir als Gesellschaft uns sie nicht stellen möchten. Es liegt in der Natur dieser Fragen, dass ich vorher nicht weiß, auf welche Antworten ich stoße, ob ich überhaupt auf Antworten stoße. Ich weiß nur, dass es da etwas gibt, das ich gerne sagen oder erzählen würde. Dass ich etwas zu erzählen habe. Wenn dieses Gefühl nicht da ist, schreibe ich auch nicht.

Gleichzeitig habe ich auch nicht das Gefühl, dass man eine gelungene Kommunikation zwischen Schreibenden und Lesenden planen oder kontrollieren könnte. Ich bin mir fast sicher, dass die Kommunikation, auf die es ankommt, nicht planbar ist. Man kann ihr beim Schreiben den Weg ebnen, man kann Raum für Identifikation, für Erfahrungen, für ein offenes Denken und Fühlen schaffen, man kann sich bemühen, so verständlich, gut und schön zu schreiben, wie es einem möglich ist, man kann und sollte immer wieder am Schreiben arbeiten, das eigene Projekt schärfen und ausweiten – dennoch bleibt diese Kommunikation etwas, das sich immer erst ergibt. Es ist ein bisschen so wie mit dem Glück. Die eigenen Erwartungen sind da eher ein Hindernis. Die Momente zwischen den Lesenden und Schreibenden sind Geschenke, deren Schönheit in ihrer Flüchtigkeit besteht. All das sagt vor allem eins: dass wir als Schreibende vielleicht gar nicht so genau wissen, was wir tun.

Ich persönlich bin nur selten stolz auf meine Arbeit, egal, wie sehr ich mich in ihr jenen erwähnten Fragen gestellt habe und wie viele Qualen mich deren innere Bearbeitung gekostet hat, egal, wie weit ich damit gekommen bin. Vielleicht könnte man sagen, dass mein Verhältnis zum Schreiben von einer grundlegenden Ambivalenz geprägt ist – und dass es so sein muss, weil ich erst im Aushalten dieser Ambivalenz auch die Möglichkeit finde, die grundlegende Ambivalenz des Lebens zu ertragen, die niemand von uns ertragen möchte, obwohl wir es alle müssen. Dieses Aushalten berührt auch unser Verlangen nach Besserem, und ja, unsere Erwartung von Glück. Allzu oft halten wir an diesen Erwartungen und den mit ihr einhergehenden Fantasien fest, weil wir uns der Ambivalenz und der grundlegenden Unsicherheit des Lebens nicht stellen wollen.

Der britische Psychoanalytiker Donald W. Winnicott hat in den 1950er-Jahren das Konzept des »gut genug« geprägt, das in den vergangenen Jahren zu Recht wieder sehr populär geworden ist. Winnicott, eigentlich ein Kinderpsychologe, hatte tagtäglich mit Eltern zu tun, die an den Anforderungen, die sie selbst und die Gesellschaft an ihre Elternschaft stellten, verzweifelten. Sie fühlten sich, als würden sie permanent scheitern, und hatten Angst, irreparable Fehler zu begehen. Winnicott versicherte diesen entmutigten Eltern, dass es nur darum gehen könne, dass sie als Eltern »gut genug« seien. Ein Kind brauche keine idealen Eltern, sondern Eltern, die ihm die Sicherheit und den Raum gäben, sich zu entwickeln und dabei mehr und mehr zu einem Teil der Welt zu werden, in der es lebt. Winnicott wandte sich damit nicht nur gegen Idealisierung von Elternschaft, sondern auch gegen vermeintlich vernünftige, doch in Wahrheit exzessive Ansprüche und Erwartungen, gegen Perfektionismus im Allgemeinen.

Unser inneres Leben ist zu einem beträchtlichen Teil von Sehnsüchten nach jenen Menschen, die wir auch sein könnten, bestimmt, nach jenen Leben, die wir theoretisch auch führen könnten, und für Schreibende nach jenen Büchern, die wir auch schreiben könnten. Wie der Psychoanalytiker und Philosoph Adam Phillips, ein Schüler Winnicotts, in seinem Buch *Missing Out* beschreibt, kommt es darauf an, diese ungelebten Leben als Teil unseres tatsächlichen Lebens anzuerkennen. Manchmal möchten wir jemand sein, der oder die bessere, fulminantere, größere Bücher schreibt. Doch wir sind es nicht. Und wir müssen irgendwann akzeptieren lernen, dass diese Fantasien trotzdem zu uns gehören. Ohne sie würde niemand von uns wachsen. Ohne sie würde niemand lernen, dass die Idee vollkommener Zufriedenheit oder des perfekten Buchs genau das ist: eine Idee – eine fixe Idee unserer Psyche auf der Suche nach einem nicht erreichbaren Glück.

Ein Buch kann gut genug sein, selbst wenn es nicht den Vorstellungen entspricht, die wir uns von ihm gemacht haben. Es muss vor allem Raum für jene erwähnten Momente der Kommunikation schaffen, es muss bereit sein, einen Dialog mit den Lesenden, mit der Welt aufzunehmen. Es muss bereit sein, sich der Ambivalenz zu stellen, der wir unter allen Umständen entkommen wollen. So simpel es klingt: Vielleicht ist alles, was man für das Schreiben braucht, die Bereitschaft, für sich selbst die Rolle der Winnicott'schen Eltern zu übernehmen, die gut genug sind.

Wie hältst Du es mit dem »gut genug« des Schreibens, Doris, dear? Wie hält es Antonia Pollak, die Heldin Deines Romans *Besser*, mit dem »gut genug« des Lebens? Wie mit der grundlegenden Ambivalenz, die wir bearbeiten müssen, auch wenn wir es nicht wollen? Immer wenn ich Deine Bücher lese, habe ich den Eindruck, dass Du all diese Probleme schon gelöst hast. Aber vielleicht projiziere ich auch nur meine von Verehrung geprägten Wünsche auf Dich und Deine Arbeit. Sei in jedem Fall sehr lieb gegrüßt!

Doris Knecht

*D*aniel Schreiber fragt mich also, was ich vom Gutgenug beim Schreiben halte. Ich darf antworten: Das »Good enough«-Prinzip hat mir mehr oder weniger das Leben gerettet, und in einer gewissen Hinsicht auch das Schreiben. Ich hatte schon viele Jahre vom Schreiben gelebt, als ich zwei Kinder gleichzeitig bekam, und ich wollte trotzdem weiterschreiben, und der Versuch, beides nebeneinander perfekt und geschmeidig hinzukriegen, hat mich sehr schnell an meine Grenzen gebracht. Man muss sich irgendwann sagen: Etwas Derartiges wie absolute Perfektion existiert nicht, weder beim Kindergroßkriegen noch beim Verfassen eines Textes. Man muss es so gut wie möglich machen. Was nicht heißt, dass nicht möglicherweise doch etwas Großes am Ende stehen kann, vielleicht – mit viel Fleiß, mit Durchhaltevermögen, mit Glück.

Letztlich bedeutet Schreiben, befriedigendes, zielführendes Schreiben für mich: der Ablenkung zu widerstehen, aller Ablenkung. Sitzen zu bleiben. Den Blick von außen nach innen zu richten. Im eigenen Text zu verharren, egal, wie zäh, unüberschaubar, ziellos, unfertig und unvollendbar er gerade wirkt. An guten Tagen erhebt sich der ungeschriebene Text vor mir wie ein Berg, den ich aus dem Nebel heraus erklimme: Richtung Sonne, Richtung Gipfel, Richtung Aussicht; eine lohnende, glückbringende Anstrengung. An schlechten Tagen gleicht der ungeschriebene Text einem dunklen, stinkenden Loch, in das ich nicht einmal hineinschauen möchte, das ich von ferne umkreise. Bloß nicht in seine Nähe kommen.

Lieber gar nicht daran denken. Lieber die Fenster putzen, lieber im Internet herumlungern, lieber irgendetwas anderes tun, ganz egal was.

Im Laufe meines Autorinnenlebens wurde mir schon öfter die Frage gestellt, was denn meine Kreativität am effektivsten anrege. Ich habe auf diese Frage von anderen Autorinnen und Autoren schon viele schöne Antworten gelesen, es war alles dabei, von der einsamen Berghütte bis zur Strandbar am Pazifik, lange Spaziergänge, Weißwein, Rotwein, Schnaps, strenge Klausuren. Was mich kreativ macht: eine Deadline. Ein unwiderruflicher, unverrückbarer Abgabetermin. Ich kann schreiben, wenn ich muss, wenn es keinen anderen Ausweg gibt.

Schnell, denken Sie mal an Schriftsteller bei der Arbeit, was kommt Ihnen in den Sinn, was stellen Sie sich vor? Thomas Mann, der mit Fliege und weißen Schuhen vor einer imposanten Bücherwand neben seinem Schreibtisch auf einem geblümten Sofa sitzt, in die Lektüre seines Manuskripts vertieft? Frisch und Grass mit ihren Pfeifen hinter ihren Schreibmaschinen? Oder Philip Roth vor seinem eigens für ihn angefertigten Stehschreibpult?

Ich habe einmal ein Interview mit einem Schriftsteller gelesen, ich nenne jetzt keine Namen. Er habe ja auch ein Kind, wurde in dem Gespräch festgestellt, und er sagte sinngemäß, ja, und er sei auch auf den Spielplatz gegangen mit dem Kind, habe es in den Kindergarten gebracht, alles mitgemacht. Aber es sei für ihn halt klar, wenn er merke, es komme ein Roman, der geschrieben werden muss, dann müsse er sich mindestens zwei Jahre nur dafür Zeit nehmen und sich komplett in die Isolation begeben.

Haha. Ja.

Was Sie sich, wenn Sie an Schriftsteller bei der Arbeit denken, also wohl eher nicht vorstellen, ist eine Person im fleckigen T-Shirt, die mit einem Kopfhörer auf den Ohren am Küchentisch an einem Laptop sitzt und auszublenden versucht, was wohl im Kinderzimmer gerade abgeht; die zwischendurch Wäsche aufhängt, tröstet, schlichtet und Brote streicht; die immer aus ihren Gedanken gerissen wird, aus dem Satz, den sie gerade schreibt, weil jemand etwas braucht, etwas will, etwas sofort wissen oder besprechen muss; die zwischendurch überlegt, was sie am Abend kochen soll und was auf der Einkaufsliste stehen muss; die nachts zwischen zwei Kapiteln mit gelben Gummihandschuhen die Küche putzt. Auch so ist das Leben von Schriftstellern, ganz besonders, wenn es sich um Schriftstellerinnen handelt. Die Frage lautet hier also nicht: Wie werden wir schreiben? Sondern, und ich denke, ich befinde mich da in guter und großer Gesellschaft von erziehenden und alleinerziehenden Schriftstellerinnen: Wann werden wir schreiben? Wie geht es sich aus? Wie schaffe ich mir genug Raum zum Schreiben?

Dieser Aspekt des Schriftstellerinnenlebens wird für gewöhnlich nicht ausgestellt. Tatsächlich verheimlichen viele Schriftstellerinnen die Produktionsbedingungen, unter denen ihre Romane entstehen, weil sie aus gutem Grund befürchten, dass die Bewertung ihrer Arbeit darunter leiden könnte. Als sei das Dasein von Frauen und jüngeren Frauen keines, das genug Stoff für das Schreiben gültiger, spannender, relevanter Texte hergibt. Als sei die Veränderung des Lebens durch Mutterschaft eine literarisch unbrauchbare, ja störende Abweichung. Als sei das Leben von Frauen, von Müttern, von Alleinerzieherinnen keine Quelle für Erzählungen, als addierten sich diese Erzählungen nicht zu einem wahrhaftigen Bild der Realität, der Gegenwart, der Gesellschaft. Als sei dieses Bild nicht von Bedeutung. Und als würden Bücher nicht in wesentlich größerer Zahl von Frauen gekauft werden als von Männern.

Es ist höchste Zeit, das Bild des Schriftstellers neu zu denken. Erst wenn wir das tun, erst wenn wir auch die Schriftstellerin sehen und denken können, in allen Aspekten einer Schriftstellerinnen-Existenz, erst wenn wir Lebensumstände von Frauen in allen ihren Daseinsphasen nicht mehr als Abweichung empfinden: Erst dann werden wir auch die Literatur von Frauen ernst und wichtig nehmen und gerecht bewerten.

Wie kommen wir dorthin? Wie machen wir das Bild von Literatur und ihrer Entstehung ehrlicher, realistischer, weiblicher? Und wie schreiben Sie, Katja Kullmann? Oder vielleicht besser: wann?

Katja Kullmann

*F*ridaynight, the weekend starts here – und prompt habe ich wieder etwas vor. Obwohl mir blankes Nichtstun lieber wäre. So geht es fast jeden Freitag. Montags, dienstags, mittwochs, donnerstags auch. »Lasst mich doch einfach mal in Ruhe!«, fluche ich, aber niemand hört es. Als Zeitungsangestellte genieße ich eine Vierzigstundenwoche, dreißig Tage bezahlten Urlaub im Jahr und vollen Sozialversicherungsschutz. Millionen Menschen träumen von solch einem Erwerbsleben. Dessen bin ich mir bewusst, rund um die Uhr, insbesondere beim Schreiben.

Soeben hat also mein Wochenende begonnen, die heiligen achtundvierzig Stunden, in denen ich meine Produktivkräfte regenerieren soll, und per E-Mail erreicht mich eine Frage der Schriftstellerin Doris Knecht: Ob das Bild des schreibenden Menschen nicht endlich »ehrlicher, realistischer, weiblicher« gezeichnet werden müsse? Nicht wie ich schreibe, möchte sie wissen – sondern wann ich es tue. Was für eine scharfsichtige Person. Vielleicht gehen wir mal einen Kaffee trinken.

»Ich bin eine Ein-Frau-Fabrik«, pflege ich zu sagen, wenn jemand sich nach meinem Zurechtkommen erkundigt. Anders als Doris Knecht habe ich keine Kinder, auch keinen Partner. Die Zeitfrage ist eng an die Finanzierungsfrage gekoppelt, und Letztere ist oft ein Tabu bei schreibenden Frauen. Eine einzige hat es mir gegenüber einmal offen erwähnt. Sie fürchtete, ihr Gatte könnte sie nach zwei Kindern und vier Büchern verlassen: »Dann müsste ich arbeiten und mit dem Schreiben aufhören.« Bei der Australierin Rachel Hills las ich kurz darauf Folgendes: »Mein Ehemann verdient mehr als ich – hey, ich bin eine Autorin. [...] Sein Job erlaubt mir, die Arbeit zu tun, die ich liebe. [...] Letztlich ist es die Tatsache, dass ich eine Ehefrau bin, die es mir erlaubt, Essays über die ökonomische Unterdrückung von Frauen in der Ehe zu schreiben.«

Ich weiß nicht, inwieweit mein Geschlecht mein Schreiben beeinflusst, aber ich bin sicher, dass mein Kontostand eine entscheidende Rolle dabei spielt. Virginia Woolf empfahl vor bald hundert Jahren jeder schreibenden Frau »ein Zimmer für sich allein«. Lange habe ich verdrängt, was sie zum Geld anmerkte: Auf »fünfhundert Pfund im Jahr« veranschlagte sie die Summe, die ihrerzeit nötig war, um sorgenfrei schreiben zu können. Schon mit siebenundzwanzig besaß Woolf fünf-mal so viel. Sie war Erbin, eine höhere Tochter, von Haus aus »mit Geld gestopft«, wie man es in dem nichtakademischen Kleinkaufleutemilieu sagt, aus dem ich stamme – dem kru-scheligen, wackeligen, leicht maulligen, meist aber gerade noch ausreichend selbstironischen Soziotop, aus dem meine einzigartige Erzählerinnenstimme hervorgegangen ist.

Netto und nach Abzug der Fixkosten – der Mietenwahn-sinn, die Müllabfuhr – komme ich als Angestellte auf tausend Euro im Monat. Zweihundertfünfzig in der Woche, fünfund-dreißig am Tag, für Toastbrot und Tomaten, Zigaretten, Bü-cher, Klopapier, alle Reisen, alle Blusen, jede Zahnreparatur. Fahre ich für zwei Tage nach Hessen, um nach meinen Eltern zu sehen, verschlingt das meinen Etat für eine ganze Woche. Sie glauben es mir nicht, sie sagen: »Aber du hast doch stu-diert!«

Genauso wenig werden sie sich vorstellen können, auf welche Art dieser Beitrag hier entstanden ist. Nicht mit beseeltem Blick, verzückt gespitztem Künstlerinnenmündchen, verliebt in meine Worte schreibe ich diesen Text – sondern mit steifem Nacken, mäßiger Laune und einem oder zwei Dutzend Stresszigaretten zum Trost, in verstreuten Zeitfenstern (wie ich dieses Wort verachte), nach acht bis zehn Stunden im Büro, zwischen Einkauf und Wohnungsputz, während andere Menschen Netflix schauen oder Fetischpartys besuchen.

»Schreiben ist für mich wie atmen«: Diesen Satz habe ich von jemand anderem aufgeschnappt, es ist Jahre her, doch das Pathos lässt mich heute noch kichernd erschaudern. Das Schreiben ist mir keine Freude, war es noch nie. Es ist ein Komplex bei mir, der Drang zum Mitredenwollen, eine kleinbürgerliche Neurose, die ich mir im Grunde nicht leisten kann. Das ist keineswegs kokett gemeint. Es ist auch keine Beschwerde, bloß eine sachliche Analyse. Ich bin eine schreibende Kleinbürgerin. Eine kleine Bürgerin, die schreibt. Liebe ich meinen Angestelltenjob? Nein. Liebe ich mein Schreiben? Ich würde gern, aber: Nein, ich bin nie zufrieden damit. Ich tue das eine, um das andere zu finanzieren – und tue das andere, um dem einen zu entkommen. So springe ich seit einem Vierteljahrhundert im Kreis, wie ein gut dressierter Yorkshireterrier.

Neulich blätterte ich durch einen Band mit dem Titel *Brotjobs & Literatur*. Schreibende erzählen darin von den Tätigkeiten, mit denen sie sich über die Runden bringen. Darf eine Person sich Schriftstellerin nennen, wenn sie nicht »vom Schreiben lebt«, fragten manche. Kann man so jemanden als Intellektuelle, gar als Künstlerin bezeichnen? Wäre Autorin nicht der passendere Begriff, eine Stufe verschwommener, eine Nummer kleiner?

Da dachte ich – selbstverständlich – sofort an den Kafka, Franz, das fleißige Versicherungsmännchen. An den Kerouac, Jack, der Obst pflückte, und den Fauser, Jörg, der Koffer auf Gepäckbänder wuchtete. Dachte an Lucia Berlin, die vier Kinder versorgte und als Krankenschwester und Putzfrau ihr Auskommen fand, während sie ihre Storys schrieb. An Katja Oskamp, die aus ihrer Arbeit als Fußpflegerin Geschichten schöpft. An Özlem Özgül Dündar, die ihr Kellnern nicht verschweigt. An Heike Geißler, die ihr Ranschaffen in einem Amazon-Lager zu einem Buch machte. Normalerwerbstätige Kleinbürgerinnen und Kleinbürger haben eine Menge brauchbarer oder sogar großer Literatur verfasst, und ich sehe keine Anzeichen dafür, dass sie demnächst damit aufhören.

Es gibt andere Wege der Schreibfinanzierung: Man muss herausfinden, wo welche Gelder anzuzapfen sind, und Bitt- und Bettelbriefe, die sich Förderanträge nennen, verschicken. Im Idealfall reiht sich ein Stipendium, eine Schreibresidenz an die nächste. Das schreibende Leben wird so zu einem nie endenden Bewerbungsschreiben. Ich stelle es mir erniedrigend vor. Prinzipiell bin ich für Kulturförderung, wohlgemerkt! Für mich wäre es allerdings nichts. Letztlich ist es ja auch wieder nur eine Abhängigkeitsspirale, bei der eine andere Art von Wohlverhalten gefragt ist. Mit meinem Modell fühle ich mich im Schreiben freier, als wenn ich es mir stets aufs Neue durch einen Gremienstempel beglaubigen lassen müsste.

Ich begreife es nicht als etwas Erhabenes, mein Schreiben, sondern als ein Gesprächsangebot in Fortsetzungen, und ich habe dabei immer meine Leute im Kopf. Ich bin die Kosmetikerin mit großem Latinum, die Bürohilfe, der befristete Kabelträger. Der Fahrradkurier, die Café-Betreiberin und alle

Callcenter-Stimmen auf einmal. Ich bin der geschasste Historiker, der sich als Vize-Filialleiter in einer Tierhandlung verdingt, die promovierte Philosophin, die Customer Surveys zum Joghurtkonsum konzipiert. All diese Leute lesen mit, während ich schreibe, verbieten mir manche Metaphern und zwingen mir andere auf. Ich will – und kann – ihnen nichts vormachen.

Wie ist das bei Ihnen, werte Susan Neiman? Stellen auch Sie sich beim Schreiben vor, wer Ihre Texte später lesen wird?

Susan Neiman

Gibt es Autoren, die ohne Leser im Kopf schreiben? Ich kann es mir nicht vorstellen. Bis auf eine Sammlung von Kurzgeschichten, die ich erst veröffentlichen werde, wenn ich alles für mich geklärt habe, denke ich beim Schreiben immer darüber nach, wie es bei den anderen ankommen wird. Meine größte Schwierigkeit beim Schreiben: Es gibt immer zu viele verschiedene Leser in meinem Kopf.

Zunächst kommt das wohl daher, dass ich als Philosophin ausgebildet wurde. Ich habe allerdings nicht Philosophie studiert, um Fachphilosophin zu werden, obwohl ich dann jahrelang als Philosophieprofessorin arbeitete. Da ich meine Familie allein ernähren muss, ging es nicht anders. Doch die Philosophen, die mich am meisten interessierten, lebten weder im Elfenbeinturm, noch haben sie für ihre Fachkollegen und Doktoranden geschrieben, zumal die meisten gar keine hatten. So habe ich einen Stil entwickelt, der zwischen dem philosophischen und dem literarischen schwebt, und habe dabei immer zumindest zwei Sorten von Lesern im Kopf: diejenigen, die mit Philosophie vertraut sind, aber ebenso solche, die zur »gemeinen Leserwelt«, wie Kant sie nannte, gehören. (Ja, selbst Kant hat fünfzehn gemeinverständliche Aufsätze für die *Berlinische Monatsschrift* geschrieben.) Beim Schreiben frage ich mich also ständig: *Habe ich zu viel vorausgesetzt, um für die »gemeine Leserwelt« verständlich zu sein? Sollte ich mehr erklären? Und wie kann ich dies tun und den Text zugleich nuanciert genug halten, um Philosophen dafür zu interessieren?*

Fachtexte zu schreiben ist leicht, wenn man es einmal ge-

33

lernt hat. Beide Leserwelten im Kopf zu haben, heißt umschreiben lernen. Die erste Fassung schreibe ich altmodisch auf Papier, und zwar mit Füllfeder, dann erst kommt es in den Computer. Bis ein Text gedruckt wird, habe ich mindestens fünf Fassungen geschrieben. Selbst wenn ich einen veröffentlichten Text erneut lese, sehe ich immer Verbesserungsmöglichkeiten: Dieses Wort wäre genauer gewesen, jener Satz hätte einen anderen Rhythmus gebraucht. Irgendwann muss man loslassen, und an diesem Punkt danke ich Ihnen, liebe Katja Kullmann, dass Sie das Thema Geld erwähnt haben. Auch wenn ich eine Arbeitsstelle habe, die mir erlaubt, ziemlich viel zu schreiben, würde mein Gehalt für zwei Personen ausreichen. Mit drei Kindern hätte ich nicht mal die Klassenfahrten bezahlen können, ohne dazuzuverdienen. Wenn ich aber die Kollegen sehe, die von Geldsorgen befreit sind, damit sie monatelang an einem kurzen Text herumfummeln, bin ich dankbar, dass mir dieser Luxus verwehrt ist. George Eliot hat gesagt: »Fast alle großen Bücher der Welt wurden in der Hoffnung geschrieben, Geld dafür zu bekommen.« Damals hatte sie selbst noch kein Buch veröffentlicht und schlug sich mit Aufsätzen und Übersetzungen durch, später wurde sie eine der größten Autoren der englischen Sprache. Virginia Woolf wollte ein gesichertes Auskommen; Eliot dagegen meinte, es liege etwas Hygienisches darin, das eigene Brot zu verdienen. Ihre Bücher sind auch besser als die von Woolf.

Inzwischen vertraue ich auf den eigenen Stil, auch wenn er in anderen Ländern besser ankommt als in Deutschland. In den USA, England, Holland oder Frankreich werden meine Bücher breiter gelesen. Hierzulande gibt es kaum eine Tradition, die Philosophie und Literatur verbindet. Das entstammt einem deutschen Verständnis von Wissenschaftlichkeit, welches ich nicht teile. Als ich neulich einen Beitrag für einen angesehenen Sammelband abgegeben habe, fing der Lektor an, umgangssprachliche Formulierungen zu streichen, Persönliches in Abstraktes zu ändern, Aktives in Passives zu verwandeln, längere, verkomplizierte Sätze dazuzudichten. Auf meine Erwiderung, das seien nicht Fehler, sondern mein Stil, reagierte er irritiert: Wenn ich doch Wissenschaftlerin sei, warum schriebe ich dann so literarisch? Mir sind diese Grenzen zunehmend wurscht. Ich möchte einfach Texte schreiben, die gern gelesen werden, und daran arbeite ich ständig. Allerdings gibt es Glücksmomente, in denen die Sätze sich von allein schreiben, wie im Rausch. Da denke ich an keinen Leser, nicht einmal an mich selbst – und die Sätze stimmen am nächsten Tag immer noch. Dafür kann ich nur dankbar sein.

Viel schwieriger als die Frage nach dem Kenntnisstand der Leser ist für mich immer die Frage: Aus welchem Land kommen die Leser in meinem Kopf? Es gibt noch Philosophen, die meinen, philosophische Fragen stünden außerhalb von Raum und Zeit, aber selbst universelle Fragen werden unterschiedlich verstanden. *Was ist Gerechtigkeit? Wie gehen wir mit dem Bösen um?* Das sind Fragen, die in jedem Land gestellt werden, und dennoch sind die Antworten schwer zu übersetzen. Da ich seit über dreißig Jahren in Berlin lebe, aber nach wie vor aktiv am amerikanischen Leben teilnehme, bin ich oft zwischen beiden Stimmen hin- und hergerissen. Durch Internet, Billigflüge und jetzt Zoom sind wir alle angeblich verbunden, doch selbst gebildete Menschen aus New York und Berlin gehen von völlig verschiedenen Weltanschauungen aus. Da ich in beiden diesen Welten lebe, gelingt es mir oft, die unterschiedlichen Annahmen beiderseits zu erklären. Doch kann man einen Text schreiben, der für beide einleuchtend ist, ohne bei den einen undurchsichtig und bei den anderen banal zu wirken?

Bei Aufsätzen bzw. Vorträgen versuche ich das gar nicht mehr, da ist es viel einfacher, für das jeweilige Publikum in dessen Sprache und vor allem mit dessen Weltblick zu schreiben. Bei Büchern ist das schwieriger, und ich bin nicht immer sicher, ob ich die richtige Balance gefunden habe. Für Autoren, die in mehreren Kulturen leben, deren Unterschiede noch gravierender sind als die zwischen Amerika und Europa, stellen sich diese Schwierigkeiten sicher in noch größerem Maß.

Heute aber bewegen mich andere Probleme. Diese Zeilen schreibe ich am elften Tag des Kriegs gegen die Ukraine. Der Schock und die Unsicherheit drohen alles lahmzulegen. Auf eine Demo in Moskau zu gehen, wäre Widerstand, in Berlin ist es nur ein Ausdruck der Hilflosigkeit. Da ein russischer Kollege mir jedoch sagte, solche Solidaritätsbekundungen bedeuteten den Ukrainern viel, ging ich zur Demo. Letzte Woche schien die Sonne, mehrere Hunderttausend kamen zusammen. Heute war der Himmel grau, die Luft bitterkalt, und wir waren nur einige Hunderte auf dem Bebelplatz. War es wirklich das Wetter oder haben die Berliner sich schon nach einer Woche an die Hilflosigkeit gewöhnt? Nach einer Weile gingen meine Freundin und ich Kaffee trinken und versuchten, Worte für unseren Zustand zu finden. Keiner von uns gelang es, obwohl meine Freundin eine fabelhafte Schriftstellerin ist.

Und so meine Frage an Sie, lieber Mathias Enard: auch Sie

leben in verschiedenen Kulturen und schreiben darüber, wie man zwischen Kulturen zerrissen sein kann. Wen haben Sie im Kopf, wenn Sie schreiben? Noch wichtiger: Wie schreiben Sie in den Zeiten, wo Schreiben so nutzlos erscheint? Natürlich gibt es Antworten, die ich selbst oft versuchsweise gegeben habe, dies ist nicht das erste Mal, dass Schreiben sinnlos erscheint. Der von meinem Geburtsland begonnene Irakkrieg, ein Vorbote dieses Kriegs, hat mich schwer getroffen. Damals versuchte ich nützlich zu sein, indem ich in Deutschland über amerikanisches Kriegsdenken schrieb und sprach. Über den Krieg in der Ukraine ist schon jetzt viel Kluges geschrieben worden, Einsichten habe ich keine beizutragen. Auf meinem Schreibtisch liegen Aufträge, die mit friedlicheren Themen zu tun haben. Daran weiterzuarbeiten, als ob die Welt einfach weiterginge, macht mich fast zum Roboter.

Als Yitzhak Rabin ermordet wurde, lebte ich in Israel. Das Land stand buchstäblich still, während der Trauerfeier bewegten sich nur die Vögel. Unsere Überzeugung, etwas Weltbewegendes zu erleben, wurde leider bestätigt: Mit Rabin hat der Attentäter auch den Friedensprozess ums Leben gebracht. Vier Tage nach dem Attentat sollte ich einen Vortrag an der Tel Aviv University halten und ging davon aus, dass er nicht mehr stattfinden würde. Doch die Kollegen bestanden darauf: »Yitzhak hätte gewollt, dass das Leben nicht vom Terror ausgesetzt wird.« Der Saal war voll, aber ich habe keine Ahnung, ob jemand zuhörte. Ich kann auch nicht mehr sagen, worüber ich gesprochen habe, und weiß überhaupt nicht, ob es richtig war. Was machen Sie, lieber Mathias Enard, in solchen Situationen?

Mathias Enard

/ch habe die Lust am Schreiben verloren, liebe Susan Neiman, sie ist mir im Krieg abhandengekommen, Worte belasten mich durch ihre Nutzlosigkeit, ihre Schwäche, aufgesplittert in der Vielfalt der Sprachen, Kaleidoskope ohne Inhalt, ich sehe die Geschosse einschlagen, zähle die Einschläge wie eine alte Uhr, betrachte die Karte des österreichisch-ungarischen Reichs an der Wand meines Büros, denke an Trakl, der in der Schlacht von Gródek verrückt wurde, nach Przemyśl (einer hübschen Stadt in den Ausläufern der Karpaten) heute die erste ukrainische Stadt hinter der polnischen Grenze an der Straße nach Lwiw, wo *am Abend die herbstlichen Wälder tönen*, wo *die Nacht sterbende Krieger umfängt, die wilde Klage ihrer zerbrochenen Münder*, heute heißt die Stadt an der Straße nach Lwiw, in der Trakl den Tod fand, Horodok, und ich stelle mir die Angst der Menschen vor, die heute dort auf den Krieg warten, manche werden vielleicht in den Westen gehen, manche vielleicht bleiben, vielleicht sterben, es ist eine schreckliche Frage, liebe Susan Neiman, die Sie mir da stellen, denn die erste Antwort, die mir meine alte Karte mit diesen einstigen, ein ganzes Jahrhundert lang immer wieder umgestoßenen Grenzen gibt, ist mindestens ebenso schrecklich: Schreiben bewirkt nichts, konnte noch nie etwas bewirken in Zeiten des Krieges, Linien werden auf Karten gezogen, die sich ständig verändern, jeden Tag werde ich aufgefordert, Appelle zu unterzeichnen, nationale und internationale Aufrufe zu unterstützen, doch ich sehe, wahrscheinlich zu Unrecht, nur leere Worte – und dennoch kann ich mich nicht mit meiner eigenen Nutzlosigkeit abfinden, kann ich keine Einflussnahme unversucht lassen, also unterschreibe ich diese Appelle, unterstütze diese Anstrengungen, gebe Solidaritätserklärungen ab, schreie auf, während ich auf meinem Fernsehbildschirm beobachte, wie russische Panzerkolonnen und Lastwagen unter Beschuss von türkischen Drohnen geraten, die, noch, von den Ukrainern ferngesteuert werden: Auf dem Video, das die Drohne aufgenommen hat, sieht man nach der Explosion schwarze Punkte davonrennen, es sind russische Soldaten, die dem Tod entkommen sind, sie laufen weg, ich frage mich, wohin diese Flucht sie führen wird, und denke vor allem, dass sie kein Ende hat, dass dieses Fliehen endlos ist, die Gewalt des Krieges wird auch sie einholen, die Gewalt, die sie erleiden, und die, die sie anderen antun, ich denke in diesen Tagen viel an Isaak Babel und Wassili Grossman, beide haben den Krieg erlebt, beide sind in der Ukraine geboren, Grossman in Berditschiw und Babel in Odessa, Grossman und Babel haben beide über den Krieg geschrieben, beide kämpften gegen den sowjetischen Wahnsinn, der sie schließlich umbrachte, Babel durch einen Genickschuss und Grossman durch Krebs, eine Seelenkrankheit, die ich für eine Folge der Beschlagnahmung seines Romans *Leben und Schicksal* durch den KGB halte, denselben KGB, aus dem Wladimir Putin hervorgegangen ist, der kleine Hauptmann, plötzlich erscheint mir die gesamte russische Literatur seit Gogol, seit Dostojewski, seit Lermontows Verbannung in den Kaukasus, seit Turgenjews Gefängnisaufenthalt, seit Schalamows Lagerhaft in der Kolyma-Region, die Liste ist endlos, als gigantischer Kampf gegen die Staatsgewalt, ein Kampf gegen die Willkür und Gewalt des Staates – ich erinnere mich, dass ich weit weg von Moskau im Osten Russlands, in Sibirien, einen ehemaligen Offizier der Roten Armee kennengelernt hatte, einen ehemaligen Offizier, der Dichter und Gärtner war, er schrieb Kriegsgedichte, Gedichte der Erinnerung an Afghanistan, Gedichte von Hubschraubern, *Viertaliot*, und Flugzeugen, *Samaliot*, ich habe mir nur diese beiden Wörter gemerkt, *Viertaliot* und *Samaliot*, aber es gab noch andere, die Waffen bezeichneten, kein Gemüse – seine Gedichte waren sehr klassisch, er stellte sie selbst zu kleinen Sammlungen zusammen, die er mit Zeichnungen in Schwarz und Rot illustrierte, mit schwarzen Blumen, roten Blumen, Lilien, Rosen, Margeriten, keine Spur von *Viertaliots* oder *Samaliots*, der Dichter-Offizier war ein Riese von fast zwei Metern mit roten Wangen und einer Baseballkappe, er war Mitte sechzig, ich lernte ihn in der Stadtbibliothek bei einem *Gespräch mit örtlichen Intellektuellen* kennen, wie es im offiziellen Programm hieß, mit örtlichen Intellektuellen, die literarische Werke verglichen, um sie einzuordnen und wie Armeen auf einem möglichen Schlachtfeld aufzustellen, wobei die russische Literatur natürlich, wie man mir erklärte, die mächtigste sei: Sie stellten mir die interessante Frage, wo denn der große französische Roman über Bismarcks Vormarsch auf Paris sei? Wo ist er, bitte schön? Na also, wie Sie sehen, ist die russische Literatur überlegen, es gibt keinen großen französischen Roman, der von Bismarcks Vormarsch auf Paris erzählt, *Krieg und Frieden* dagegen …, und alle nickten wie ein Mann, überzeugt, die Schlacht der Literatur mit Tolstoi gewonnen zu haben wie die Schlacht um Grosny mit Raketen, alle, auch der Dichter der *Viertaliots* und der *Samaliots*, der mich in seinen kleinen Sammlungen blättern ließ, dann las der Dichter-Offizier mir ein oder zwei gereimte Gedichte vor, mit Reimen auf *-aliot*, die sich recht hübsch anhörten, bevor er sich mit triumphierender Miene auf den Weg zurück zu seinen Radieschen oder Kohlköpfen machte – jetzt bin ich an der Reihe, Sie zu fragen, lieber Jan Wagner, Ihnen eine weitere schreckliche Frage zu stellen, kann es im Krieg überhaupt Poesie geben? Etwas anderes als *Viertaliots* und *Samaliots*? Übertönt nicht der Kampflärm alle Stimmen? Oder ist im Gegenteil die Stimme des Dichters möglicherweise die einzige, mit der man dem Schrecken begegnen kann?

Aus dem Französischen von Holger Fock und Sabine Müller

Jan Wagner

*M*ich erreichen Ihre Worte in Pennsylvania, lieber Mathias
Enard, in einem jener kleinen und (bis auf die knattern-
den Harley-Davidsons) ruhigen Collegestädtchen, wo ich
noch bis Anfang Mai wohnen darf – ein Aufenthalt, der lange
geplant gewesen, wegen der Seuche aber mehrfach verscho-
ben worden war, in diesem Semester aber endlich stattfinden
sollte. Dass zum Zeitpunkt meiner Abreise, als wäre die Pan-
demie nicht grauenvoll genug, Europa vollends ins Mittelalter
zurückfallen würde, hätte man im vergangenen Herbst nicht
für möglich halten wollen; dennoch fühlte es sich Anfang
März nicht richtig an, unserem Kontinent in dieser Zeit den
Rücken zu kehren.

Nun sitze ich also zwischen Schneesturm und schüchter-
nem Frühlingslicht, während die Truthahngeier über Carlisle
kreisen, chromblitzende Trucks vorbeigleiten, beladen mit
Fichtenstämmen, die noch länger als sie selbst sind, und während die Holzveranden mit ihren Schaukelstühlen in der ersten wärmenden Sonne knacken. In der schmalen Church
Avenue, wo ich wohne, befindet sich, wenn ich mich nicht
täusche, die einzige Kurve der gesamten Stadt, und dass ausgerechnet diese Straße mit dem Gotteshaus im Namen direkt
hinter dieser Kurve unvermutet zur herrlichen, verführerisch
blinkenden alten Kneipe »The Gingerbread Man« führt, würde mir unter anderen Umständen noch besser gefallen – genauso wie die ungewohnten Stimmen, die einen am Morgen
wecken, jene von Black-capped Chickadee (Schwarzkopfmei-
se), Northern Cardinal (Rotkardinal), Tufted Titmouse (In-

dianermeise), Blue Jay (Blauhäher) und White-breasted Nut-
hatch (Carolinakleiber). Ja, in der Moorland Street weht eine
einsame ukrainische Fahne von der Veranda, und in der
Cherry Street hat irgendjemand unter das »Stop« des Ver-
kehrsschilds das Wort »War« gekratzt. Dennoch wirkt der
Krieg weit weg in diesem Idyll (wenn ich auch Tag für Tag,
Stunde um Stunde, fassungslos, gelähmt, mit schwarzen Gedanken vor den Nachrichten klebe, Zeitungen lese, wie wohl
wir alle, hier wie in Europa), ist es ja in geografischer Hinsicht
auch, bislang jedenfalls, aber nichts scheint ja mehr unbe-
rührt, alles hat Risse bekommen, mögen sie vorerst auch un-
sichtbar sein. Und natürlich stößt man, ganz allgemein gesprochen, immer und überall auf den Krieg und seine Spuren,
ist jeder Quadratmeter auch auf dieser Seite des Atlantiks (in
Europa sowieso) getränkt von Blut und Hass und Gewalt,
wenn auch für gewöhnlich gnädig überwuchert und zuge-
wachsen. Von Carlisle aus dauert es, fährt man mit dem Auto
nach Süden, weniger als eine Stunde, bevor man ins noch
winzigere Gettysburg gelangt, dessen Wiesen und Koppeln
mit den Knochen von Soldaten der Konföderierten und der
Union unterfüttert sind. »Wir haben uns auf einem großen
Schlachtfeld dieses Krieges versammelt. Wir sind hierherge-
kommen, um einen Teil dieses Felds denjenigen als letzte Ru-
hestatt zu widmen, die an diesem Ort ihr Leben ließen, damit
die Nation leben könne«, so Abraham Lincoln in Gettysburg,
hinzufügend, »daß der Tod dieser Toten nicht vergeblich sein
darf; daß diese Nation mit Gottes Hilfe von neuem die Frei-
heit aus sich hervorbringt, und diejenige Staatsform, in wel-
cher das Volk allein durch das Volk zum besten des Volkes
herrscht, nicht von der Erde verschwindet.« Es ist die Rheto-

rik nach der Schlacht, die fahnenknatternde Rhetorik vor der kommenden Schlacht, von der man gehofft hatte, ihre Zeit, jedenfalls in Europa, sei abgelaufen. Und die der Poesie?

Ich war in der vergangenen Woche eingeladen, am Seminar eines der hiesigen Professoren teilzunehmen, das (lange geplant, plötzlich von verstörender Aktualität) der Kriegsliteratur gewidmet ist. Wie es der Zufall wollte, lieber Mathias Enard, stand just letzte Woche der herrliche, der traurige Georg Trakl im Mittelpunkt, natürlich mit seinem Gedicht »Grodek«, das Sie ja anklingen lassen. Bevor man mich als Muttersprachler bitten konnte, es vorzutragen, bat ich selbst darum, es lesen zu dürfen, um es ja keinem anderen überlassen zu müssen, der es vielleicht ohne Ehrerbietung, vielleicht gar gelangweilt zerkaut hätte. Denn wirklich war mir eine Zeile aus »Grodek« schon während des Fluges weg von Europa nach Westen nicht mehr aus dem Sinn gegangen: »Alle Straßen münden in schwarze Verwesung«. Ich habe Trakl schon als Jugendlicher, als ich mich selbst an Versen versuchte, bewundert, aber nun, beim Vortrag von »Grodek«, hatte ich Mühe, an mich zu halten.

Trakl überlebte die Niederschrift des Gedichts nicht lange. Nein, das Schreiben hat ihn nicht gerettet, wie es auch Wilfred Owen und andere jener Dichter nicht rettete, die in die Schützengräben ihrer Zeit getrieben wurden. Aber sicher ist doch, man weiß es dank vieler Berichte, dass man gerade in Augenblicken persönlicher, allgemeiner, existenzieller Not zum Schreiben von Gedichten getrieben wird; das Geschehen muss in Worte gefasst werden, nicht weil es dadurch ungeschehen gemacht würde, sondern weil mit dem präzisen sprachlichen Erfassen ein Trost, ein Augenblickstrost verbunden ist. Das mag, wie alles, was mit Poesie zu tun hat, nur für eine Minderheit gelten, doch verliert diese Tatsache dadurch ja keinesfalls an Wert. Und mehr noch: Auch die Zeilen Fremder, erst recht wenn es sich um Meister wie Trakl, Owen oder auch Gryphius handelt, die zu unvergleichlich anderen Zeiten, unter gänzlich anderen Umständen schrieben, lassen ihre Verfasser lange nach ihrem Tod zu Zeitgenossen, zu Leidensgenossen werden: Sie verstehen uns; sie wissen ganz genau, was mit uns geschieht.

Außerordentliche Gedichte schaffen es ja immer, ihren Anlass zu überdauern, ihn zu übersteigen, mitunter sogar solche Gedichte, die sich an ganz konkrete Orte, Namen, Personen, Geschehnisse, die sich also untrennbar an ihre eigene Zeit zu binden scheinen, aber dennoch von überzeitlicher Wirkung und Gültigkeit sind – so wie, um ein Beispiel zu nennen, das Gedicht »Eine Schüssel Blut aus Almería« von Pablo Neruda, das im Spanischen Bürgerkrieg, in Andalusien, nach einem Massaker der deutschen Truppen geschrieben wurde, aber Almerías Ortsgrenzen sehr weit über Andalusien und Spanien hinaus dehnt:

Jeden Morgen, jeden trüben Morgen eures Lebens
sollt ihr sie dampfend und brodelnd auf eurem Tisch haben:
ihr werdet sie ein wenig beiseite schieben mit euren weichen Händen,
um sie nicht zu sehen, um sie nicht so oft auslöffeln zu müssen:
ihr werdet sie ein wenig beiseite schieben zwischen Brot und Trauben
diese Schüssel schweigenden Blutes,
die jeden Morgen da sein wird, jeden
Morgen.

Nein, Gedichte verhindern nichts. Und es steht zu befürchten, dass der Unmensch dieser Tage und Wochen (und wer weiß, wie lang all das noch gehen mag) die Schüssel Blut aus Mariupol, die Schüssel Blut aus Charkiw, die Schüssel Blut aus Kiew, würde sie ihm aufgedrängt, mit einem Lächeln ignorieren oder seinen Lakaien zum Verzehr weiterreichen würde. Es wäre ja auch zu herrlich, gäbe es, wenn schon keine flammende Hölle, dann wenigstens eine aus dem ganz im Gegenteil empfindlichsten, weil entflammbarsten Material, eine Hölle aus Papier. Aber selbst wenn es sie gäbe, selbst wenn die Schreibenden, Historiker wie Romanciers wie Dichter, all die Schlächter dieser Hölle aus Papier überantworten könnten – es würde ja nichts wiedergutmachen, kein Leben zurückholen, keine einst prachtvolle Stadt aus ihren Trümmern und ihrem Staub erheben. Das Gedicht wiegt nichts auf, aber es fügt doch ein paar Gramm auf der richtigen Waagschale hinzu. Das ist nicht viel, aber es scheint mir auch nicht nichts zu sein. Und es kann offenbar alles bedeuten für den, der eben jetzt, in diesem Augenblick, zu verzweifeln droht. Jedenfalls möchte ich das glauben.

Ich selbst habe mittlerweile wieder zu schreiben begonnen, unter den kreisenden Truthahngeiern von Carlisle, weil es mir schlicht besser scheint zu schreiben als nicht zu schreiben. Die Trauer und die Wut sind nicht gewichen, die Lähmung in Gliedern und Geist schon, denn es tut gut, einen Stift in der Hand zu halten, so einfach und ganz körperlich ist es wohl. Es sind keine Gedichte, wie auch, die sich unmittelbar mit dem Krieg auseinandersetzen würden, den jedenfalls ich nach wie vor nur vom Lesen, Zuhören, aus nicht mehr ganz so sicherer Distanz kenne, doch merke ich beim Ändern und

Neuansetzen, dass die Texte durchdrungen sind von einem Gefühl der Auflösung, der steten Bedrohung. Aber wer weiß schon, um Himmels willen, was man schon in naher Zukunft vielleicht zu schreiben gezwungen sein wird. Man muss ja nicht bis zu Trakl und dem Ersten Weltkrieg zurückgehen, um Gedichte über den Krieg in Europa zu lesen, sind da doch solche von jüngeren und jüngsten Dichtern, von Zeitgenossen wie Faruk Šehić aus Bosnien etwa – und natürlich solche aus der Ukraine, nicht erst jetzt, schon seit 2014, die von Serhij Zhadan zum Beispiel. Es werden, ach, wohl zahlreiche hinzukommen. Und sie werden, kein Zweifel, in abermals hundert Jahren gelesen werden – als Zeugnisse ihrer Zeit, mit etwas Glück zur ewigen Schande dessen, der für die Gräuel dieser, also unserer Zeit verantwortlich ist, aber auch und nicht zuletzt als Trost für jene »ungeborenen Enkel« Georg Trakls, sofern sie dieses Trostes noch bedürfen sollten. Damit allerdings ist zu rechnen.

Meine Frage an Sie, liebe Yael Inokai, führt womöglich (aber nicht zwangsläufig) in eine ganz andere Richtung, passt aber in jedem Fall zu Zeiten, in denen man gelegentlich die Augen am liebsten geschlossen halten und weiterschlafen würde: Wie viele gute, vielleicht beglückende Ideen in Ihren Romanen wurden Ihnen im Traum zugesteckt? Und wie steht es bei Ihrem Schreiben um das Verhältnis von beziehungsweise die Wechselwirkung zwischen den Geschenken, die man erhält, wer weiß woher, und der Arbeit an diesen glücklichen Funden?

Yael Inokai

ieber Jan Wagner,
gestern Nacht ist es endlich passiert: Inspiriert von Deiner Frage habe ich den perfekten Plot für einen vierten Roman geträumt. Noch im Traum dachte ich, dass ich Dir das unbedingt mitteilen muss, und freute mich über die ertragreiche Arbeit meines Unterbewusstseins. Als ich dann aufgewacht bin, waren nur noch Fetzen da. Vielleicht werde ich mich später am Tag an mehr erinnern. So ist es oft. Dass ich einen perfekten Plot erträumt habe, wird allerdings eher der Logik meines Traums als der des tatsächlichen Lebens gefolgt sein. Oder es war der perfekte Plot, befreit von all der Arbeit daran. Das gibt es ja auch nicht selten.

Ich bin eine leidenschaftliche Träumerin. Mein Unterbewusstsein hat Orte erschaffen, die ich immer wieder besuche. Einer davon liegt am Wasser, überall ist Wasser, man bewegt sich auf langen Booten, die am Ufer anliegen und auf Passagiere warten, da sind Klippen und Stellen, an denen sich baden lässt. Es ist schön dort, aber es gibt auch eine Abzweigung, die mir nicht gefällt. Ein Autobahnviadukt, das in die Peripherie führt. Ich muss aufpassen, dass ich mich nicht verirre. Sonst halte ich mich gerne dort auf.

Ich bin richtig gut im Träumen. Beim Mittagsschlaf kommt es sogar zu Momenten, in denen ich fliegen kann oder mich in ein Wesen verwandle, das gar keinen Gesetzen von Masse oder Schwerkraft mehr unterworfen ist. Ich bestimmte selbst, was passiert. Klarträumen heißt das in der Fachsprache. Was für ein nutzloses, wunderschönes Talent.

Gute und beglückende Ideen steckt mir mein Unterbewusstsein auf direktem Wege nicht zu. In dramaturgischer Hinsicht ist es wirklich allzu simpel gestrickt. Aber vielleicht prägt es mein Schreiben dahingehend, dass reale Orte und Zeiten ein Korsett sind, das ich mir für meine Arbeit nicht anlege. Der Ort meines Textes ist wie der Ort eines Traumes, ausstaffiert, mit eigenen Regeln, mit Abzweigungen, die mir nicht gefallen. Die Konkretion, das Wahre, liegt für mich woanders. Letztens habe ich von einem alten Freund geträumt, der mich nach vielen Jahren der Funkstille kontaktiert hat. Ihn wiederzusehen hat mich versöhnt mit der jungen Frau, die ich in den Jahren unserer Freundschaft gewesen bin. Da war so viel Ruhe in mir in diesem Traum. Ich bin aufgewacht und habe den ganzen Tag getrauert, um diesen alten Freund, den es nie gegeben hat.

Du sprichst Geschenke an, lieber Jan Wagner, was mich zu Adelheid Duvanel und Felicitas Hoppe bringt, zwei meiner großen Vorbilder. Den beiden wird ja gerne eine Traumlogik in ihren Texten unterstellt. Das überrascht mich nicht, treibt mich aber doch zur Gegenrede an: Welche Gesetze soll erzählende Prosa denn sonst haben außer die der Imagination?

Eine sehr geschätzte Kollegin von mir, Kaśka Bryla, hat einmal gesagt, dass jede Literatur aus anderer Literatur entsteht. Das bedeutet zwangsläufig Lesen. Und so wie jede Schriftstellerin geschriebene Texte hat, ob nun publiziert oder nicht, hat sie auch eine Lesebiografie. Manches darin wird sie sich selbst ausgesucht haben, anderes wurde ihr aufgezwungen, und vieles befindet sich irgendwo zwischen diesen beiden Polen.

Als (bereits schreibendes) Kind habe ich Unmengen an Zeit in der örtlichen Bibliothek verbracht und mich durch die Regale gelesen, ich fand alles toll, was mit Tod zu tun hatte – dramaturgisch hatte nur er so richtig Wumms für mich. Lesen war Aufsaugen, das galt für die Schauermärchen genauso wie für die Abenteuergeschichten, die ich zu Weihnachten und zum Geburtstag von meinen religiösen Verwandten zugeschickt bekam. Die Heldinnen und Helden darin klärten Betrugsfälle auf oder suchten nach vermissten Katzen, dazwischen lasen sie in der Bibel und beteten gemeinsam; gestorben wurde nie. Wenn meine Mutter nicht zu Hause war, bediente ich mich übrigens aus ihrem Krimi-Regal. Von Frömmigkeit bis Gemetzel war damals also alles dabei.

Am Gymnasium fand ich vieles, was wir im Unterricht lasen, schlimm, vor allem Mani Matter, einen Schweizer Chansonier, den ich später einmal sehr schätzen würde. In der zehnten Klasse protestierte ich dagegen, dass wir immer nur Männer lasen, weshalb wir einen Frauenmonat einlegten, inklusive Vorträgen, für die ich von meinen Mitschülerinnen und Mitschülern dann die Schuld zugeschoben bekam. Jede literarische Epoche hatte eine Vertreterin, genau eine – wenn es nur einen Frauenmonat gibt, ist der Platz begrenzt, egal wie offen ein Deutschlehrer ist (und das war er wirklich, ich habe ihm viel zu verdanken). Er lebt ja auch nicht im luftleeren Raum.

Adelheid Duvanel lernte ich schließlich kennen, als ich in einem Restaurant kellnerte. Es wäre wahrscheinlich eine ihrer Stammkneipen geworden, hätte sie da noch gelebt. An den Tischen erzählte man sich von ihr und von Jürg Federspiel, der in den Rhein gegangen war. Auch Lewis Nkosi lernte ich kennen, leibhaftig als Gast, einen südafrikanischen Schriftsteller, dessen Bücher ich verschlang, obwohl ich ihn selbst, mit seinem ausufernden Alkoholismus, kaum ertrug.

Wie viele Menschen, die ihre Zwanziger hinter sich haben, wünsche ich mir manchmal, mehr aus der Zeit und der mir zur Verfügung stehenden Energie gemacht zu haben. Vier Jahre lang kellnerte ich nach der Matura in meiner Heimatstadt, einen Ort, an dem sich alle kennen und an dem ich eigentlich nie glücklich gewesen war. Daneben schrieb ich an meinem ersten Buch und brach zweimal ein Studium ab. Hätte ich nicht die Welt entdecken, die Enge dieser kleinen Welt hinter mir lassen können? Offensichtlich konnte ich das nicht. Aber ich kam mit Literatur in Berührung, von der ich wusste, dass sie mich etwas anging, ausgerechnet in dieser verqualmten, schmutzigen Kneipe.

Etwas angehen, das wird gerne verächtlich benutzt, so, als ob sich eine Autorin ihr Schreiben genau so zurechtstutzt, dass es auf eine zurechtgestutzte Leserin trifft, die sich in all ihren Ansichten bestätigt fühlt. Für mich ist es Literatur, die mich am Schopf packt und am Herzen, die von der Abzweigung spricht, die ich nicht nehmen möchte. Literatur, die den Gesetzen der Imagination folgt. Literatur, zu der ich eine Verbindung eingehen kann, weil sie aus einem vertrauten Schmerz und einer vertrauten Freude kommt. Weil sie es ernst meint. Weil ich mich dort im Kern wiederfinde und nicht an den Rändern.

Gradlinig war und ist meine Lesebiografie nicht. Genauso wenig wie mein Schreiben. Als ich beschloss, Autorin zu werden, also so richtig, was richtig auch immer bedeuten mag, habe ich mich durch einen Wust sogenannter Weltliteratur gelesen. Gesagt hat sie mir wenig. Die Worte dafür, was mich etwas angeht, hatte ich noch nicht. Nur die Intuition wurde langsam besser. Auch im Schreiben begann ich eine Ahnung davon zu haben, was meins war, meine Handschrift, nicht mehr nur Imitation. Meins, was sich aus anderem speiste, das mich etwas anging.

Seit ein paar Jahren nun bin ich Mitglied eines Redaktionskollektivs, das jedes Jahr die Zeitschrift *Politisch Schreiben* herausbringt. Spätestens während dieser Zeit ist irgendwann ein Knopf aufgegangen. Wer nicht nur liest, was immer verfügbar ist und als Kanon gilt, ist neben verrauchten Spelunken auf andere Lesende angewiesen, die ihr Wissen und ihre zerfledderten Ausgaben mit einem teilen. Dabei bleibt natürlich die Welt nicht stehen: Ich weiß noch, wie lange ich auf die Sister-Outsider-Essays von Audre Lorde warten musste, als ich sie im Buchladen bestellte, weil meine Kolleginnen sie in einer früheren Ausgabe der *PS* besprochen hatten und ich neugierig geworden war. Nur wenig später sind Lordes Worte dann überall aufgetaucht. Es ist nicht in Stein gemeißelt, was gelesen gehört. Das ist beunruhigend und es ist großartig.

Bücher sind voll von Geschenken. Sie wirken in mir, so wie ein Tag in meinem Unterbewusstsein wirkt, so wie es den Ort am Wasser mit Begegnungen befüllt und neuen Landzungen. Es gibt unglaublich viele Geschenke, die für mich ausgelegt worden sind, auf dass ich durch sie etwas Neues gießen darf. Die Arbeit an diesen glücklichen Funden, das Gießen dieser Metalle, ist allerdings ein ganz anderes Thema und hat mehr mit Rückengymnastik und Techno liebenden Nachbarn zu tun als mit dem Wunder der Imagination.

Wann hast denn Du, lieber Dmitrij Kapitelman, ein Buch

in der Hand gehalten, von dem Du wusstest, dass es Dich etwas angeht, und inwiefern hat das Dein Schreiben beeinflusst? Und als Zusatzfrage: Was ist Dein liebstes nutzloses Talent?

Dmitrij Kapitelman

*L*iebe Yael,

da hast Du mir aber zwei fruchtbare Fragen vermacht. Ich danke Dir. Und verspreche, eine von beiden viel zu gewissenhaft zu beantworten. Was uns schnurstracks zu meinem liebsten unnützen Talent führt.

Du wirst lachen, liebe Yael, aber ich habe exakt diese Frage auch schon mal in einer Runde aufgeworfen. Und dabei gedacht: Dima, du hast wirklich ein Händchen für verhältnismäßig belanglose, aber dennoch offenbarende Nachfragen. Vielleicht liegt eigens dafür ein ganz besonderes Kabel in deinem Kopf. Womöglich bist du sogar jemand Besonderes, das wäre toll!

Ein ähnliches Hochgefühl stieg auf, wenn ich Fremde fragte, ob sie eine Lieblingspfanne besitzen. Anhand dieser imaginären Herzenspfanne das soziale Eis zwischen uns brechend. Es kam allerdings nicht selten vor, dass ebendiese fragliche Pfanne für immer im sozialen Eis festfror. Du liebe Güte, setzte dann ein verstocktes Krampfschweigen ein. Aber da wir schon vom Kochen sprechen, ich finde nicht, dass Du mit dem Kellnern in Deinem kleinen Heimatort auch nur eine Sekunde vertan hast. Und ich habe mich offen gestanden immer etwas unvollständig gefühlt, weil ich nie gekellnert habe. Fremden Leuten etwas zu bringen, bringt doch eine ganz eigene Welt mit sich. Na sicher romantisiere ich gerade. Und sag jetzt bloß nicht, dass Romantisieren ebenfalls ein unnützes Talent sei. Ich würde morgen tot daliegen, wenn Romantisieren tatsächlich unnütz ist (ja, auch das ist eine weitere Romantisierung). Ernsthaft, wenn das Lesen sich während dieser Zeit in Dir einschrieb, dann waren diese Jahre doch eine Gnade.

Ich jobbte Anfang meiner Zwanziger als Garderobier im Pressebereich der Buchmesse. Las auf dem Weg (mit der Tram dauerte es aus Connewitz fast 50 Minuten zum Messegelände) den Allerweltsfreund von Jurek Becker und liebte dieses Buch – ohne genau zu begreifen, warum. Aber dass mich diese Geschichte etwas anging, das war absolut nicht zu leugnen. Warum fühlte ich denn sonst so sehr mit diesem Helden, dem jungen Journalisten, der es nicht geschafft hat, sich umzubringen? Und am liebsten täglich nur einen Satz auf die Frontseite der Zeitung schreiben würde: Hört auf, ihr Wahnsinnigen! Seltsam, welchen Optimismus dieses so traurige Buch damals in mir auslöste.

Vielleicht flimmerte meine Nachempfindung so farbig, weil ich mich selbst wie ein Allerweltsfreund fühlte. Mann, Yael, die Journalisten haben mir fast 100 Euro Trinkgeld am Tag zugesteckt (der Tageslohn der Messe lag bei 70 oder so). Einfach, weil die Leute gespürt haben, dass ich sie mag. Da bin ich mir sicher. Weil wir einander ja doch immer etwas angehen, selbst wenn wir einander angehen.

Meine Kollegin sah das allerdings etwas anders. Erst kritisierte sie, wie ich die Jackenzettel ablegte, und behauptete, ich würde Unordnung stiften. Das ist nicht wahr, Yael, nie ist mir auch nur eine Jacke oder das kleinste Köfferchen verloren gegangen, niemals, hörst Du?! Die Kollegin war mit einer Frau aus dem höheren Messe-Management verwandt. Behauptete sie zumindest. Herablassend, so würde ich sie beschreiben. Herablassend und unglücklich. Sie bekam auch keinerlei

Trinkgeld. Und behauptete bald, dass wir ohnehin keines bei der Buchmesse annehmen dürften, rein rechtlich. Dann verpetzte sie mich. Deshalb wurde ich ans Drehkreuz am Eingang degradiert. Auch gut. Stand ich eben zehn Stunden am Gitter, im viel zu großen Billiganzug, den die Messe uns austeilte, und sagte Hallo. Mit Oleg. Wir haben guter Drehkreuz-Bulle und schlechter Drehkreuz-Bulle gespielt und Neunjährige verschreckt (das Ticket berechtigte nur zum einmaligen Eintritt, aber die Kleinen wollten manchmal raus an die Luft). »Bitte nur einmal, ich verspreche, ich bleibe dann drin«, flehte der Knirps. Oleg: »Lass ihn doch durch, Dima.« »Ach ja, und wenn die Chefin es sieht, Oleg? Erklärst du es ihr?« »Bitte, bitte, ich möchte doch nur kurz raus.«

Oleg und ich hatten – bei allen Rückenschmerzen vom Rumstehen – die Zeit unseres Lebens. Sicher, einmal ist ein Mann mit seinem Kinderwagen im Drehkreuz hängen geblieben, weil wir uns gerade Kippot aus dem Messekatalog ausschnitten, anstatt das größere Tor für Kinderwagen und Rollstühle zu öffnen. Das eingeklemmte Kind hat dann für meine Begriffe aber dennoch etwas zu theatralisch aufgeheult. Jedenfalls habe ich auch diese Arbeit gut gemacht, insgesamt. Weil sie mich etwas anging. Meine Aufgabe war, das erste Gesicht zu sein, das die Gäste begrüßt, im Namen der Buchmesse. Und dieses Gesicht war stets freundlich. Allerdings auch nicht freundlich genug, um weiter Trinkgeld einzuheimsen. Ich glaube nicht, dass die Leute uns Drehkreuzer weniger wertgeschätzt haben als die Garderobiers. Meine feste Überzeugung ist, dass sie schlicht zu sehr gestresst waren, vom Akt der Drehkreuz-Durchquerung selbst. Du wärst überrascht, wie sehr Drehkreuze die Menschen in ihrem Innersten herausfordern.

Was war noch mal die Frage? Ach ja, meine talentiertesten Unnützlichkeiten. Weißt Du, ich verwende Fragen oft genug als Instrument, um meinen Unwillen zur Arbeit als Arbeit zu verkaufen. Es ist erstaunlich, wie wenig die Gesellschaft einem das verübelt. Dann werfe ich Fragen auf wie Säuglinge in die Luft. Natürlich bewegen mich diese Fragen auch. Dennoch bin ich zu faul, ewig nach den Antworten zu fahnden, also den mammutiösen Mann wieder aufzufangen, der anstatt eines Säuglings wieder hinunterfiele. An der Uni, in der Politikwissenschaft und Soziologie, hatte ich stets das Gefühl, dass ebendieses Prinzip sogar sehr honoriert wird. Und war dennoch ein lausiger Akademiker. »Es ist erstaunlich, wie viele orthografische Mängel Ihre Arbeit aufweist, besonders, wenn man Ihren Berufswunsch bedenkt«, sagten die Professoren an der Journalistenschule. Talent zum Schreiben, also rein alphabets-mechanisch betrachtet, besitze ich offenbar keines.

Nur ist ein Talent per se überhaupt etwas Nützliches? Immerhin gibt es Menschen, die gehen an ihrem Talent zugrunde. Fußballer, die mit Anfang zwanzig in eine Bärenfalle treten zum Beispiel. Sich verletzen, nicht mehr professionell kicken können und nie wieder froh werden. Oder ganz grundsätzlich Künstler, die nie glücklich sein können, weil sie begnadet sind. Oder auch nicht. Oh Gott, was, wenn nicht?! Was, wenn ich nicht besonders, sondern einfach ein Trottel bin, der soziale Konventionen nicht rafft und sogar am Drehkreuz unhaltbar ist? Wo soll ich denn bloß hin mit mir? Die Menschen lieben ihre Pfannen nicht! Und wenn die Künstler doch mal glücklich sind, macht sie dieser vermeintlich hohle Zustand erst recht unglücklich. Andere gehen am Talent

Fremder zugrunde. Massenhaft. Putin ist talentiert darin, ein mörderischer Diktator zu sein. Das ist leider ein wahrer Satz. Sonst bliebe dieser Unmensch ja nicht so lange als Unmensch an der Macht und wäre längst von einem anderen, fähigeren Unmenschen geschlachtet worden. Überhaupt denke ich manchmal, dass der Untergang der Menschheit kaum vermeidbar ist, weil wir in allem, was wir tun, so schrecklich fähig sind. Im Guten wie im Schlechten. Menschen sind talentiert genug, sich etwas so Unglaubliches wie Atombomben auszudenken. Keiner außer uns Kronengeschöpfen kann so effizient, methodisch und schnell den Planeten zerstören. Uff. Ich weiß auch nicht, wie dieser Text plötzlich in Richtung Apokalypse galoppieren konnte, entschuldige, liebe Yael.

Mir stehen die Klamotten anderer. Jeder noch so ausgewaschene Pulli, giftgrüne Schal, ausgetretene Cowboystiefel, jede bekloppte Jägermeister-Pappsonnenbrille, was auch immer – Sachen, die ich mir von anderen Leuten borge, mögen mich aus irgendeinem Grund und stehen mir. Das ist mein liebstes unnützes Talent. Und nun zurück zu der Frage, die ich bereits überbordend gewissenhaft beantwortet habe: Wann ich das erste Mal ein Buch in der Hand hielt, von dem ich wusste, dass es mich etwas angeht. Und inwiefern das mein Schreiben geprägt hat. Es ist eigentlich wie mit den geborgten Kleidern. Ich zog mir mit den Büchern die Blicke, Kostüme, Biografien, ganze Welten anderer Menschen an. Sie haben sich stets vertraut genug angefühlt, damit ich in ihnen aufgehen konnte. Und gleichzeitig meine Neugierde befriedigt. Sie standen mir – vor Augen. Ich konnte sie zu meinen machen. Warum?

Wahrscheinlich weil ich so ein schrecklich lebenssüchtiger, überforderter Idiot bin, dessen Herz zu stark schlägt. Und weil ich oft glaube, dass sämtliche Menschen um mich herum ebenso lebenssüchtige, liebenswerte, überforderte Idioten sind. Nur bei der Stärke ihres Herzschlags hadere ich manchmal etwas. So schreibe ich dann auch. Offen. Möglichst für alle, weil wir alle möglich sind. Ein imaginäres Wir. Das selbstverständlich unheimlich divers und zerstritten ist. Aber in den elementarsten Fragen unserer Existenz eigentlich lächerlich einig. Ähnlich. Wir sind uns ähnlich. Manchmal glaube ich, dass genau darin meine Aufgabe als Schriftsteller liegt, an diese immanente menschliche Ähnlichkeit zu erinnern. Und werde traurig, wenn sich das wie unnützes Talent anfühlt, weil wir in die immer gleichen Katastrophen stürzen.

Die Autorinnen
und Autoren

Mathias Enard, 1972 geboren, lebt in Barcelona und Niort. Sein literarisches Werk ist vielfach preisgekrönt. Für den Roman *Kompass* erhielt er den Prix Goncourt 2015, 2017 den Leipziger Buchpreis zur Europäischen Verständigung. 2019 erschien sein Gedichtband *Letzte Mitteilung an die Proust-Gesellschaft von Barcelona*, 2021 zuletzt sein opulenter Roman *Das Jahresbankett der Totengräber*.

Richard Ford wurde 1944 in Jackson, Mississippi, geboren und lebt heute in Maine. 1996 erhielt er für *Unabhängigkeitstag* den Pulitzer Prize und den PEN/Faulkner Award, 2020 den Library of Congress Prize for American Fiction. Bei Hanser Berlin erschien von ihm zuletzt das Porträt seiner Eltern *Zwischen ihnen* (2017) und der Erzählungsband *Irische Passagiere* (2020).

Yael Inokai, geboren 1989 in Basel, lebt in Berlin. 2012 erschien ihr Debütroman *Storchenbiss*. Für ihren zweiten Roman, *Mahlstrom*, wurde sie mit dem Schweizer Literaturpreis 2018 ausgezeichnet. Sie ist Redaktionsmitglied der Zeitschrift *PS: Politisch Schreiben*. Für ihren Roman *Ein simpler Eingriff* (2022) erhielt sie den Anna Seghers-Preis.

Dmitrij Kapitelman, 1986 in Kiew geboren, kam im Alter von acht Jahren als »Kontingentflüchtling« mit seiner Familie nach Deutschland. Er studierte Politikwissenschaft und Soziologie an der Universität Leipzig und absolvierte die Deutsche Journalistenschule in München. Heute arbeitet er als freier Journalist. Mit seinem Debüt *Das Lächeln meines unsichtbaren Vaters* (2016) gewann er den Klaus-Michael Kühne-Preis. Für sein zweites Buch, *Eine Formalie in Kiew* (2021), wurde Kapitelman mit dem Buchpreis Familienroman der Stiftung Ravensburger Verlag ausgezeichnet.

Doris Knecht, geboren in Vorarlberg, ist Kolumnistin (u. a. beim *Falter* und bei den *Vorarlberger Nachrichten*) und Schriftstellerin. Ihr erster Roman, *Gruber geht* (2011), war für den Deutschen Buchpreis nominiert und wurde fürs Kino verfilmt. Nach *Besser* (2013), *Wald* (2015), *Alles über Beziehungen* (2017) und *weg* (2019) erschien bei Hanser Berlin 2021 der Roman *Die Nachricht*. Sie erhielt den Literaturpreis der Stiftung Ravensburger und den Buchpreis der Wiener Wirtschaft. Doris Knecht lebt mit Familie und Freunden in Wien und im Waldviertel.

Katja Kullmann, 1970 geboren, lebt als Essayistin, Erzählerin und Journalistin in Berlin. Am liebsten schreibt sie über soziales Statusgerangel, Geschlechterfragen, die Arbeitswelt und die Populärkultur. Für den Bestseller *Generation Ally. Warum es heute so kompliziert ist, eine Frau zu sein* erhielt sie 2003 den Deutschen Bücherpreis. Zuletzt erschien von ihr *Die Singuläre Frau*.

Julia von Lucadou wurde 1982 in Heidelberg geboren und ist Filmwissenschaftlerin. Sie arbeitete als Regieassistentin, Fernsehredakteurin und Simulationspatientin. Ihr erster Roman,

Die Hochhausspringerin (2018), stand auf der Shortlist für den Schweizer Buchpreis und wurde mit dem Schweizer Literaturpreis ausgezeichnet. 2022 erschien ihr Roman *Tick Tack*.

Susan Neiman, 1955 in Atlanta, Georgia, geboren, war Professorin für Philosophie an den Universitäten Yale und Tel Aviv, bevor sie im Jahr 2000 die Leitung des Einstein Forums in Potsdam übernahm. Nach *Warum erwachsen werden. Eine philosophische Ermutigung* (2015) erschien von ihr zuletzt *Von den Deutschen lernen. Wie Gesellschaften mit dem Bösen in ihrer Geschichte umgehen können* (2021). Sie lebt in Berlin.

Daniel Schreiber, 1977 geboren, ist Autor der Susan-Sontag-Biografie *Geist und Glamour* (2007) sowie der hochgelobten und vielgelesenen Essays *Nüchtern* (2014), *Zuhause* (2017) und des Bestsellers *Allein* (2021). Er lebt in Berlin.

Jan Wagner, 1971 in Hamburg geboren, lebt in Berlin. Bei Hanser Berlin erschienen die Gedichtbände *Die Eulenhasser in den Hallenhäusern* (2012), *Regentonnenvariationen* (2014), der Sammelband *Selbstporträt mit Bienenschwarm* (2016) und zuletzt *Die Life Butterfly Show* (2018) sowie die Essaybände *Der verschlossene Raum* (2017) und *Der glückliche Augenblick* (2021). Für *Regentonnenvariationen* gewann er 2015 den Preis der Leipziger Buchmesse, 2017 wurde er mit dem Georg-Büchner-Preis ausgezeichnet.

Die Übersetzerinnen und Übersetzer

Holger Fock, geboren 1958, und **Sabine Müller**, geboren 1959, übersetzen u. a. Cecile Wajsbrot, Alain Mabanckou, Antoine Volodine, Oliver Rolin und Patrick Deville. Für ihre Arbeit wurden sie 2011 mit dem Eugen-Helmle-Übersetzerpreis ausgezeichnet.

Frank Heibert übersetzt vor allem aus dem Englischen und Französischen, u. a. Don DeLillo, Lorrie Moore, George Saunders, William Faulkner, Raymond Queneau. Er erhielt zahlreiche Auszeichnungen, zuletzt 2017 und zusammen mit Hinrich Schmidt-Henkel, den Straelener Übersetzerpreis.